NEW SMALL HOUSES

NOUVELLES PETITES MAISONS

NEUE KLEINE HÄUSER

NEW SMALL HOUSES
NOUVELLES PETITES MAISONS
NEUE KLEINE HÄUSER

evergreen

Editorial coordination:
Simone Schleifer

Editorial assistant:
Mariana R. Eguaras Etchetto

Texts:
Florian Seidel

Translations coordinator:
Carla Parra Escartín for Cillero & de Motta, Saragossa

English translation:
Juan Antonio Ripoll, Elizabeth Jackson for Cillero & de Motta, Saragossa

French translation:
Anthony Rousseau, Céline Brandy for Cillero & de Motta, Saragossa

German proof-reading:
Cillero & de Motta, Saragossa

Text editing:
José Jóvena Casañ for Cillero & de Motta, Saragossa

Art director:
Mireia Casanovas Soley

Graphic design and layout:
Ignasi Gracia Blanco

Printed in Spain

ISBN 978-3-8365-0832-2

Contents Sommaire Inhalt

Small houses present an interesting dual challenge for architects. The high cost of land in urban areas and a lack of space are the usual reasons why owners find that they have to plan for smaller houses than they would perhaps prefer. Motives for building them are generally different in rural areas or on the outskirts of cities, where small houses are often planned to fit in with nature so as not to ruin the harmony of the landscape.

In cities, home-owners often value possessing a distinctive house that stands out from the surrounding buildings. In most cases, architects will attempt to design a house with an individual character that is carefully integrated into its surroundings. This can be achieved by means of a small terrace or patio garden, or simply by positioning a window in a clever way in order to capture a particular view without compromising the privacy of the people living in the house.

If the small house is in the country or surrounded by a large garden, it encourages its inhabitants to experience its environs as intensely as possible. Large windows bring the exterior into the living space of the dwelling while a terrace creates a connection with the natural setting and means that the house itself opens up to encompass the surroundings.

The most important factor in the design of small houses is to create a flexible and versatile floor plan that makes the best possible use of the spatial limitations of the site. It regularly makes good sense to forego the strict division of the dwelling into small rooms with a specific function for each. It is more advantageous to have a large space that meets the requirements of a number of activities, whether they be cooking, eating, relaxing, or even sleeping and grooming. The most practical solution is to give these multi-purpose spaces as neutral a design as possible so that form does not determine the function to any large degree. Traditional Japanese houses can serve as a model, owing to their discreet design and the incredible versatility and flexibility of their rooms.

The architects of the projects included in this book also make repeated, explicit reference to the timeless archetypal role model that is the Japanese house, with its sliding doors and built-in furniture, with its perfect proportions and simple but always practical details.

Les petites maisons constituent un défi intéressant, et à double titre pour les architectes. En milieu urbain, le coût élevé du terrain ou le manque d'espace obligent habituellement les propriétaires à envisager des maisons d'une taille plus réduite que ce qu'ils auraient souhaité au départ. Dans les zones rurales ou les banlieue des villes, les motifs sont généralement tout autres : il est plus « naturel » de concevoir de petites maisons sans rompre l'harmonie du paysage.

En ville, les propriétaires apprécient beaucoup le fait de pouvoir différencier leur maison des constructions voisines. Dans la plupart des cas, l'architecte cherchera à concevoir une maison à un caractère unique, tout en étudiant la façon d'intégrer l'habitation à l'environnement. Il suffit pour cela d'aménager une petite terrasse ou une cour, ou simplement d'installer une fenêtre de manière astucieuse, de sorte que celle-ci puisse offrir une vue déterminée sans déranger l'intimité des habitants.

Si cette petite maison se trouve à la campagne ou est entourée d'un grand jardin, le cadre invite à profiter de l'environnement le plus intensément possible : les grandes baies vitrées permettent d'intégrer l'environnement à l'intérieur de l'habitation, une terrasse établit un lien avec la nature aux alentours et permet de prolonger facilement l'habitation vers l'extérieur.

La réalisation de petites habitations implique nécessairement la conception d'une structure de base flexible et polyvalente, qui permette de tirer au maximum parti des dimensions réduites de l'espace disponible. Dans de nombreux cas, une division rigoureuse de la surface de l'habitation en plusieurs petites pièces avec chacune de leur fonctionnalité propre n'a plus beaucoup de sens. Il est préférable de créer un grand espace unique avec une pluralité de fonctions, que ce soit pour cuisiner, manger, se détendre ou même dormir et se laver. La solution la plus pratique est de concevoir ces espaces à usages multiples de la manière la plus neutre possible, afin que la forme ne détermine pas trop la fonctionnalité. La maison traditionnelle japonaise, avec son design discret et l'énorme flexibilité et polyvalence de ses pièces, illustre parfaitement cette conception.

Les architectes, qui ont réalisé les projets décrits dans cet ouvrage, font explicitement référence à plusieurs reprises au modèle archétypique et intemporel de la maison japonaise, avec ses portes coulissantes et ses placards, ainsi que ses proportions parfaites et ses détails simples mais toujours utiles.

Kleine Häuser bilden für Architekten in zweifacher Hinsicht eine interessante Herausforderung. In der Stadt sind es zumeist Gründe wie hohe Grundstückskosten oder der knappe Raum, die dazu führen, dass Bauherren ein Haus kleiner planen müssen, als sie es vielleicht gewünscht hätten. In der freien Natur oder am Stadtrand ist die Motivation meist eine andere: Hier lässt sich ein kleines Haus eher „naturgerecht" planen, ohne die Harmonie der Landschaft zu beeinträchtigen.

In Städten legen Bauherren häufig Wert darauf, sich mit dem Haus von der Umgebungsbebauung abzusetzen. Meist wird der Architekt versuchen, ein Haus mit individuellem Charakter zu entwerfen, das die Umgebung gezielt in die Wohnung einbezieht. Dies kann durch eine kleine Terrasse oder einen Patio geschehen, oder auch nur durch ein geschickt platziertes Fenster, das einen bestimmten Blick einfängt, ohne jedoch die Intimität der Bewohner zu stören.

Wenn das kleine Haus in der freien Natur oder in einem großen Garten steht, fordert es gerade dazu auf, die Umgebung so intensiv wie möglich zu erleben: Große Fenster beziehen die Umwelt in den Wohnraum mit ein, eine Terrasse stellt die Verbindung zur umgebenden Natur her und die Erweiterung der Wohnung ins Freie gelingt mühelos.

Wichtig ist bei der Gestaltung kleiner Häuser vor allem, einen flexiblen und vielseitigen Grundriss zu entwerfen, der die knapp bemessene Fläche optimal ausnutzt. Oft ist es sinnvoll, auf eine strikte Unterteilung des Wohngrundrisses in viele einzelne Räume mit jeweils eigenen Funktionen zu verzichten. Zum Vorteil wird es hier, einen großen Raum zu schaffen, in dem viele Aktivitäten stattfinden können, sei es kochen, essen, entspannen, sogar schlafen oder die Körperpflege. Es ist sinnvoll, einen solchen vielfältig nutzbaren Raum möglichst neutral zu gestalten, damit die Form nicht zu sehr die Funktion bestimmt. Als Modell kann hier das traditionelle japanische Haus mit seiner zurückhaltenden Gestaltung und der enormen Wandlungsfähigkeit und Flexibilität der Räume dienen.

Auch die Planer der in diesem Band gezeigten Projekte beziehen sich immer wieder explizit auf das zeitlose, archetypische Vorbild des japanischen Hauses mit seinen Schiebetüren und Einbaumöbeln, mit seinen perfekten Proportionen und seinen einfachen, jedoch stets sinnvollen Details.

NEW SMALL HOUSES
NOUVELLES PETITES MAISONS
NEUE KLEINE HÄUSER

☐ C-2 House

Curiosity

This mysterious-looking house stands on a slope in a lightly wooded area. Its unusual shape and its neutral colors make it seem like a rock formation. A sloping gravel path leads to the entrance. Shortly before reaching the house, it suddenly becomes a wooden walkway. This in turn becomes a passageway leading from the upper level of the house to the terrace. The living and dining area is located on the upper floor together with an open-plan kitchen. From there a staircase leads down to the bedrooms. The predominant color scheme inside the house makes use of natural and neutral tones. The living area is the main room of the house and gives a nice impression of spaciousness. It reaches up to the highest part of the sharply sloping roof and is additionally enhanced by indirect natural lighting.

Cette maison à l'aspect mystérieux a été construite sur une pente, dans une forêt peu dense. Sa forme insolite et ses couleurs discrètes lui donnent l'apparence d'un bloc rocheux. Un sentier de gravier orienté sur un plan oblique conduit jusqu'à l'entrée. Peu avant la maison, le sentier laisse place à une passerelle en bois, qui devient à son tour un corridor d'accès allant de l'étage supérieur de la maison jusqu'à la terrasse. L'étage supérieur dispose d'une cuisine américaine et d'un salon-salle à manger. Pour accéder aux chambres, il faut descendre par un escalier. L'intérieur présente également des couleurs naturelles et discrètes. Le salon, dans lequel l'on a un sentiment d'espace, constitue la pièce principale de la maison : il se situe sous la partie la plus élevée du plafond, avec une partie en saillie inclinée, et il est éclairé indirectement par une lumière supplémentaire.

Das geheimnisvoll wirkende Haus liegt an einer Hangkante in einem lichten Wald. Die ungewöhnliche Form und die dezenten Farben lassen es wie eine Felsformation erscheinen. Der Zugang erfolgt über einen schräg auf das Haus zulaufenden Kiesweg. Kurz vor dem Haus knickt dieser Weg ab und geht in einen hölzernen Steg über, der wiederum zu einem Gang wird, der durch das Obergeschoss des Hauses bis zur Terrasse führt. Im Obergeschoss befinden sich außerdem ein Wohn- und Essbereich sowie eine offene Küche. Daran anschließend führt eine Treppe hinunter zu den Schlafräume. Auch im Inneren herrschen dezente, natürliche Farben vor. Der groß wirkende Wohnbereich ist der Hauptraum des Hauses: Er reicht bis unter den First des schräg aufragenden Daches, erhellt durch zusätzlich einfallendes indirektes Licht.

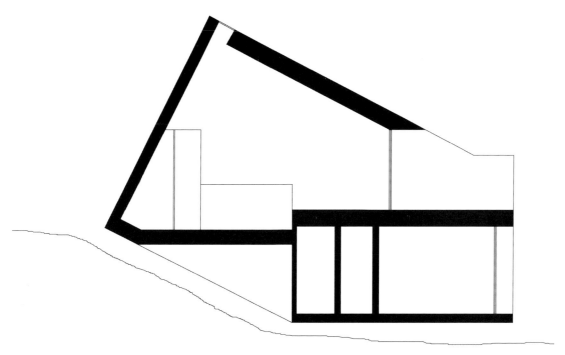

Longitudinal section Section longitudinale Längsschnitt

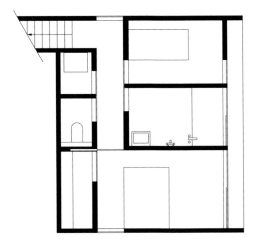

Lower level Niveau inférieur Untere Ebene

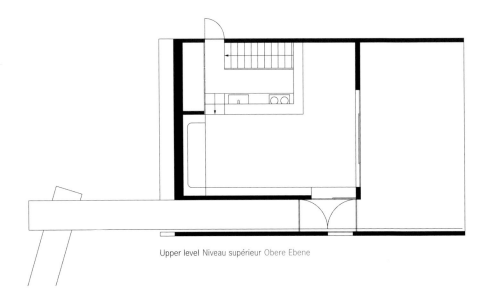

Upper level Niveau supérieur Obere Ebene

The polished varnished wooden floors bring light into the living space. The white of the walls and the dark window frames contrast sharply.

Les reflets du parquet en bois laqué apportent de la luminosité à l'habitation. La blancheur des murs contraste fortement avec la couleur sombre des encadrements.

Die Reflektionen auf dem lackierten Holzfussboden bringen Licht in den Wohnraum. Das Weiß der Wände kontrastiert die dunklen Fensterrahmen stark.

☐ O-House

CUBO Architect

The most striking feature of this house is the slight slant of the four external walls, which, together with its sharp lean-to roof and unconventionally proportioned windows, make it a truly abstract creation. A ramp with a kink in it rises slightly upward towards the entrance set in the middle of the façade. The entrance area serves as an anteroom for the bedrooms located on the first floor. A long, straight staircase leads to the upper floor common areas where the living and dining area and the kitchen are to be found. This common area is divided up using louvered screen walls, concrete panels and glass walls, without losing its sense of spatial coherence. The design of the inner rooms is quite discreet and uses high-quality materials such as walnut parquet flooring and natural stone to great effect as they provide a dynamic contrast with the white of the walls.

Cette habitation individuelle se caractérise essentiellement par la légère inclinaison de ses quatre murs extérieurs, qui font de cette maison, avec son toit en pente à versant unique et ses baies vitrées aux proportions peu conventionnelles, un véritable objet abstrait. Une rampe coudée et légèrement inclinée conduit à l'entrée, située au centre. Le couloir d'entrée sert également de vestibule aux chambres situées au rez-de-chaussée. Un long escalier abrupt conduit à l'étage supérieur, l'espace de vie commun, où se trouvent le salon-salle à manger et la cuisine. L'espace de vie commun est divisé en plusieurs volumes à l'aide de panneaux de lattes en bois, de plaques de béton et de parois en verre, sans pour autant perdre son unité spatiale. La décoration intérieure est plutôt discrète et se distingue essentiellement par l'aspect de ses matériaux de grande qualité, comme le parquet en noyer et la pierre naturelle, qui crée un contraste dynamique avec la blancheur des murs.

Das auffälligste Merkmal dieses Einfamilienhauses ist die leichte Neigung der vier Außenwände, die das Haus mit dem steilen Pultdach und den ungewöhnlich proportionierten Fensteröffnungen zu einem geradezu abstrakten Objekt werden lassen. Eine sanft geneigte, abgewinkelte Rampe führt zu dem mittig gelegenen Eingang. Der Eingangsbereich dient zugleich als Flur für die im Erdgeschoss liegenden Schlafräume. Eine lange, gerade Treppe leitet in das gemeinschaftlich genutzte Obergeschoss, wo sich Ess- und Wohnbereich sowie die Küche befinden. Der gemeinschaftliche Bereich wird durch Schirmwände aus Holzlatten, Mauerscheiben und Glaswände vielfach gegliedert, ohne seinen räumlichen Zusammenhang zu verlieren. Die Gestaltung der Innenräume ist eher zurückhaltend und setzt vor allem auf die Wirkung hochwertiger Materialien, wie Walnussparkett und Naturstein, die einen spannungsvollen Kontrast zum Weiß der Wände bilden.

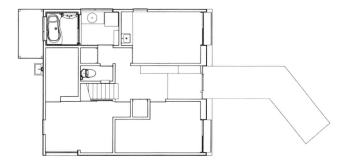

Ground floor Rez-de-chaussée Erdgeschoss

First floor Premier étage Erstes Obergeschoss

The simple slats positioned vertically create an interesting effect. Depending on the angle from which they are viewed, they appear to form a complete wall.

Les panneaux ordinaires installés en position verticale créent un effet surprenant : selon l'angle à partir duquel ils sont observés, ils prennent l'aspect d'une paroi complètement opaque.

Die einfachen, vertikal gestellten Lamellen erzeugen einen interessanten Effekt: Je nach Blickwinkel wirken sie wie eine undurchsichtigen Wand.

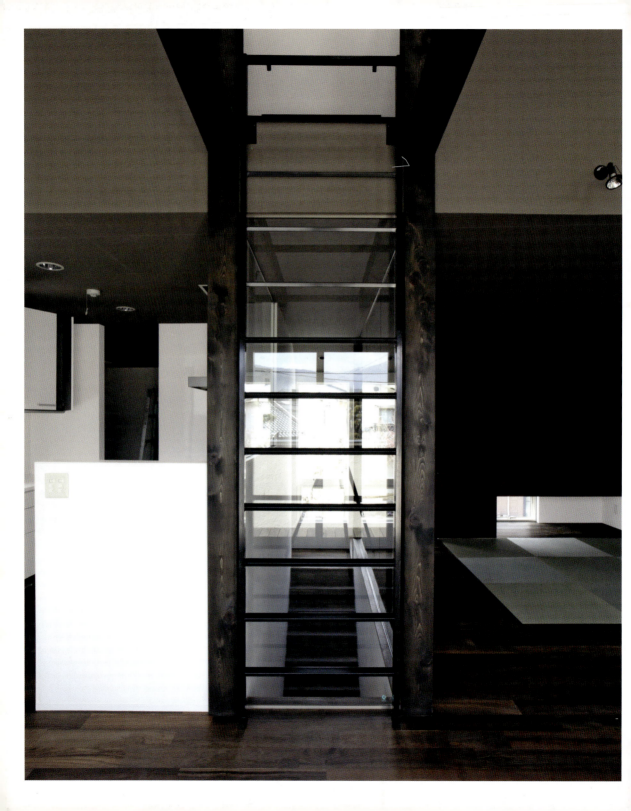

☐ White Ribbing

Milligram Studio

The garage and the entrance are on the ground floor of this long and narrow building, at the end of which is a spiral staircase leading to the upstairs living area. On the uppermost floor, there is an upper landing reached by steep stairway aligned perpendicular to the long axis. This house was built with reinforced concrete with an exposed steel frame that, combined with the stainless steel of the kitchen, gives it a high-tech look. The unconventionally shaped roof is the result of building regulations requiring sufficient light for adjacent buildings. The entire building is in light colors, particularly white, to make the small spaces seem larger. The only contrasts to this color scheme are elements projecting from the walls, such as the stairs.

Le garage et l'entrée sont situés au rez-de-chaussée de ce bâtiment étroit et allongé, au fond duquel se trouve un escalier en colimaçon conduisant à l'habitation, située au niveau supérieur. L'étage supérieur est constitué d'une galerie surélevée, à laquelle on accède par un petit escalier escarpé, orienté perpendiculairement à l'axe de la maison. Le bâtiment est composé d'une structure en béton armé, dont l'ossature apparente en acier, qui constitue également la structure de la cuisine, confère un aspect high-tech à la maison. La forme peu conventionnelle du toit est due aux prérequis de la construction, selon lesquels les bâtiments contigus devaient bénéficier d'un éclairage suffisant. Le bâtiment présente, dans son ensemble, des tonalités claires, parmi lesquelles le blanc domine, afin que plus petites pièces paraissent spacieuses. Les éléments qui se dégagent des murs, l'escalier par exemple, sont les seuls à présenter une couleur i en contraste avec le reste.

Im Erdgeschoss des schmalen, langgestreckten Gebäudes befinden sich eine Garage und der Eingangsbereich, an dessen Ende eine Spindeltreppe zum Wohngeschoss führt. In das Wohngeschoss eingeschoben ist eine Galerieebene, die über eine steile, quer zur Orientierung des Hauses ausgerichtete Treppe erreicht werden kann. Das Haus ist eine Konstruktion aus Stahlbeton mit sichtbar belassenem Stahltragwerk, das in Kombination mit der Edelstahloptik der Küche zum Eindruck eines High-Tech-Hauses beiträgt. Die ungewöhnliche Dachform resultiert aus den Bauvorschriften, denen zufolge der Nachbarbebauung ausreichend Belichtung zugesichert werden musste. Das gesamte Gebäude ist in hellen Farbtönen, überwiegend weiß, gehalten, um die kleinen Räume größer erscheinen zu lassen. Lediglich die Elemente, die wie die Treppe aus den Wänden heraus ragen, bilden hierzu einen Kontrast.

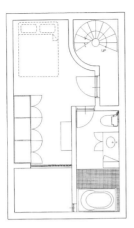

Basement Sous-sol Kellergeschoss

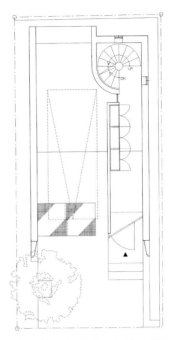

Ground floor Rez-de-chaussée Erdgeschoss

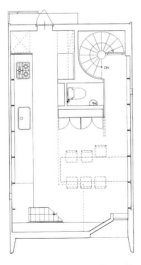

First floor Premier étage Erstes Obergeschoss

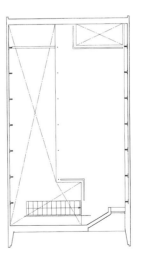

Mezzanine Mezzanine Zwischengeschoss

A continuous line connects the walls and bent roof in a single design unit. The broad projecting roof provides a shield against direct sunlight.

Une ligne continue établit le lien entre les murs et le toit plié en formant une unité structurelle. Le large pan du toit protège de la lumière directe du soleil.

Eine durchgehende Linie fasst Wände und das geneigte Dach zu einer gestalterischen Einheit zusammen. Der weite Dachüberstand schützt vor direkter Sonneneinstrahlung.

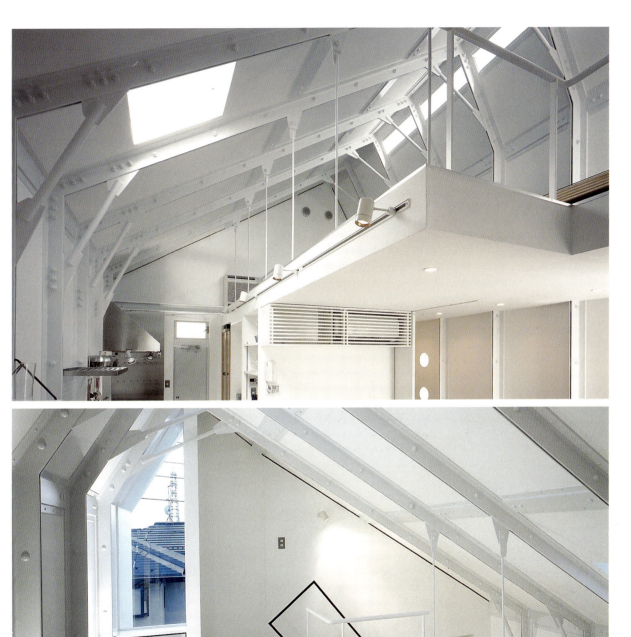

☐ LoftCube

Studio Aisslinger

In many large urban areas previously unused roof space is being converted into expensive penthouse apartments that afford magnificent city views. As these roof extensions often incur high costs, the "LoftCube" concept has been developed with the aim of adding a prefabricated dwelling to an existing roof. This apartment is lightweight and overloads neither the building nor the roof it rests upon. The corners, rounded edges and open sides of the structure make the prototype stand out clearly from the main building. Following the loft design principle, the interior is largely open plan. Numerous interesting details make this a versatile space. As an example, the shower head has a dual function and can also be used to water the small interior garden. At a later stage, several "LoftCubes" can be joined to create a larger dwelling.

Dans de nombreux centres urbains, des terrasses, jusqu'alors inutilisées, sont transformées en appartements de luxe avec une magnifique vue sur la ville. Étant donné le coût élevé de l'aménagement de ces terrasses, le concept de « LoftCube » a pour objectif d'installer un logement préfabriqué sur la toiture telle quelle. Grâce à sa taille réduite, cette habitation n'entraîne aucune surcharge ni pour le bâtiment qui la supporte, ni pour la toiture. Avec ses angles et ses arrêtes arrondies, ainsi que sa structure ouverte de tous les côtés, ce prototype se distingue clairement du bâtiment principal. Selon le concept des lofts, l'intérieur conserve une structure ouverte dans son ensemble. Un grand nombre de détails intéressants permettent d'utiliser l'espace de différentes manières. Par exemple, la pomme de douche remplit non seulement sa fonction première, mais est également utilisée pour arroser le petit jardin d'intérieur. Dans une phase ultérieure de construction, plusieurs «LoftCubes » pourraient être assemblés afin de créer une habitation de plus grandes dimensions.

In vielen Metropolen werden bisher ungenutzte Dachräume zu teuren Apartments ausgebaut, die eine großartige Aussicht auf die Stadt bieten. Da diese Dachausbauten häufig mit hohen Kosten verbunden sind, zielt die Idee des „LoftCube" darauf ab, eine vorgefertigte Wohnung auf ein bestehendes Dach zu stellen. Durch ihr geringes Gewicht belastet diese Dachwohnung weder das darunter liegende Gebäude, noch die Dachdeckung. Mit seinen abgerundeten Ecken und Kanten und seiner nach allen Seiten offenen Struktur setzt sich dieser Prototyp deutlich vom Bestandsgebäude ab. Der Innenraum ist nach dem Prinzip des Lofts weitgehend offen gehalten, und eine Vielzahl interessanter Detaillösungen machen den Raum vielfach nutzbar. So dient die Duschbrause neben ihrer Hauptfunktion auch der Bewässerung des kleinen Indoor-Gartens. In einer weiteren Ausbaustufe sollen mehrere „LoftCubes" zu einer großen Wohnung verbunden werden können.

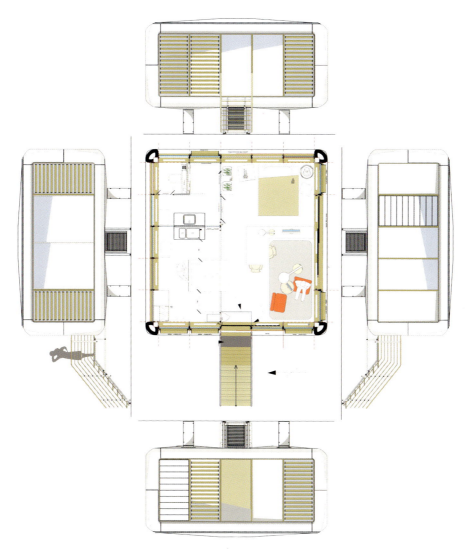

Plan/Elevations Plan/Élévations Grundriss/Aufrisse

Possible combinations Combinaisons possibles Mögliche Kombinationen

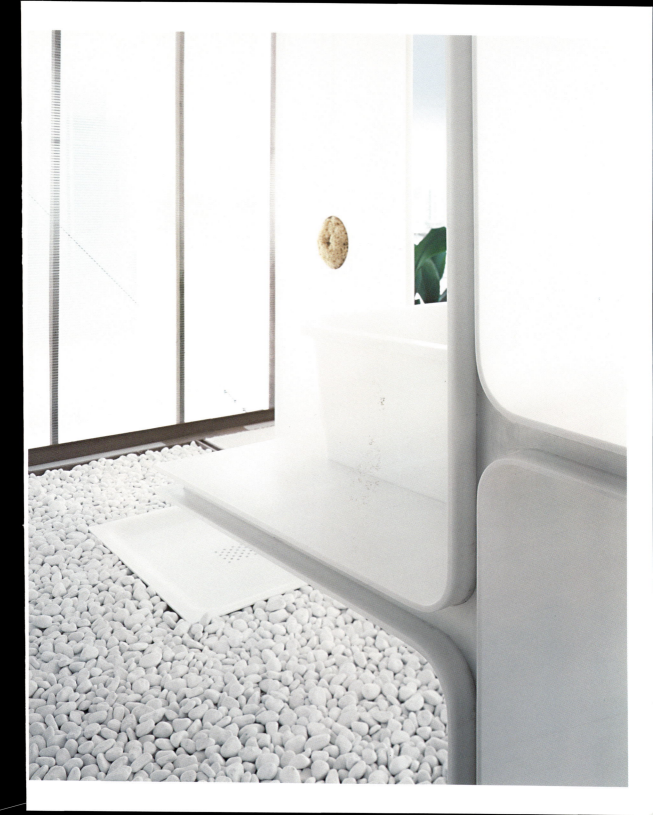

☐ House in Vandœuvres

Charles Pictet Architecte

This project consists of an extension made to an existing house. The idea was to create a space to contain a small studio that could also be used as an independent office with a separate entrance. The architects decided to recess the new house into the ground so as not to block existing views of the garden from the house already on the site. The roof can also serve as a garden bench or table. The extension is designed as an angular, exposed concrete cube with two large corner windows of frosted glass that allow light to enter. As the glass panels are translucent, the atmosphere created inside is almost temple-like. The interior décor and furniture are restrained, with white walls and ceilings, a simple wooden floor and a few inbuilt pieces of furniture. This annex is connected to the house through a tunneled passageway, which also includes the entrance from the outside.

Pour ce projet, il s'agissait d'agrandir une habitation pré-existante. L'idée de base était de créer une annexe qui abriterait un petit bureau doté d'une entrée indépendante, afin que celui-ci puisse servir de lieu de travail. Pour ne pas cacher la vue du bâtiment existant sur le jardin, les architectes ont alors décidé de construire la nouvelle maison en l'enterrant dans le sol. Ainsi, le toit peut également servir de banc ou de table de jardin. L'annexe a été conçue comme un simple cube anguleux en béton apparent, qui laisse passer la lumière grâce à deux grandes fenêtres d'angle en verre opalin. L'intérieur dégage une atmosphère presque religieuse, du fait que les cloisons en verre ne sont pas entièrement transparentes. À l'intérieur, la décoration et le mobilier sont assez discrets : murs et plafonds blancs, plancher simple en bois et quelques placards. Cette annexe est reliée à l'habitation existante par un couloir en forme de tunnel, également accessible directement depuis l'extérieur.

Bei dem Projekt handelt es sich um einen Anbau an ein bestehendes Wohnhaus. Der Anbau sollte einen kleinen Arbeitsraum aufnehmen und als Praxisraum auch separat zugänglich sein. Um die Aussicht vom bestehenden Gebäude in den Garten nicht zu behindern, entschieden sich die Architekten dafür, das neue Haus in die Erde einzusenken. Das Dach kann somit auch als Bank oder Tisch im Garten dienen. Der Anbau ist als einfacher, kantiger Sichtbetonkubus konzipiert, in den durch zwei große Eckfenster aus Milchglas Licht einfällt. Da die Glasscheiben nicht völlig durchsichtig sind, entsteht im Inneren eine beinahe sakrale Atmosphäre. Das Innere ist zurückhaltend gestaltet und möbliert: Weiße Wände und Decken, ein einfacher Holzfußboden, einige wenige Einbaumöbel. Die Verbindung zum bestehenden Wohnhaus erfolgt über einen tunnelartigen Gang, in dem sich auch der direkte Zugang von Außen befindet.

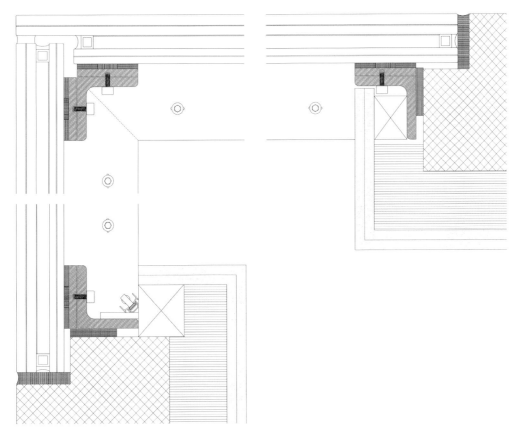

Plan Plan Grundriss

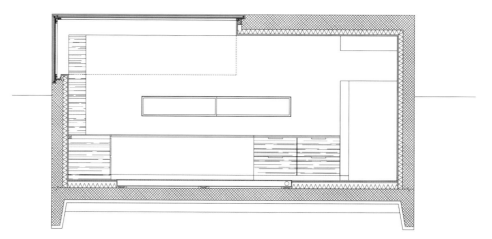

Section Section Schnitt

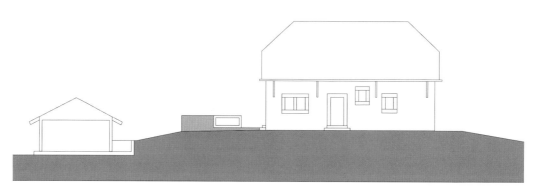

Elevation Élévation Aufriss

Fold House

Mutsue Hayakusa/Cell Space Architects

The architect describes the design of this house as being inspired by pleated garments or the fabrics used to make kimonos. The cladding of the building is given the function of an outfit comprising several layers. It creates a barrier against the chaos and dissonance of the outside world and protects against winter cold and summer heat, besides creating an exterior space protected from inclement weather conditions. The exterior walls are slanted to provide stability in case of earthquakes. Austerity and clean lines predominate inside the house. All of the walls, ceilings and floors are painted white. Instead of windows, huge glass walls allow abundant light to enter the three floors of the building. A large sun-shielded roof terrace is the most important exterior space of the house. The framework ribs are visible on the inside in such a way as to make the concept of the pleated cladding clearly recognizable.

Selon les propos de l'architecte lui-même, cette maison a été ins- pirée des vêtements plissés ou du tissu des kimonos. La struc- ture extérieure du bâtiment apparaît comme un habillement de couches : il fonctionne comme une barrière qui démarque l'habi- tation de son cadre chaotique et peu harmonieux, il protège du froid en hiver et de la chaleur en été et crée un espace extérieur à l'abri des intempéries. Les murs extérieurs inclinés offrent éga- lement une certaine stabilité en cas de tremblement de terre. À l'intérieur, des lignes prononcées et une certaine austérité domi- nent : les murs, les plafonds et les sols sont peints en blanc, et, au lieu de fenêtres, ce sont d'énormes surfaces vitrées qui en lais- sent passer une abondante lumière pour éclairer les trois étages du bâtiment. Au niveau supérieur, une grande terrasse protégée du soleil constitue l'espace extérieur le plus important de la mai- son. Les nervures de la structure restent visibles à l'intérieur, de façon à rappeler clairement le concept de plis de l'extérieur.

Beim Entwurf dieses Hauses ließ sich der Architekt eigenen Angaben zufolge von in Falten gelegter Kleidung oder den Stof- fen von Kimonos inspirieren. Der Gebäudehülle weist er dabei die Funktion mehrlagiger Kleidung zu: Sie schirmt die unharmo- nische und chaotische Umgebung ab, schützt vor Kälte und som- merlicher Hitze und schafft einen vor jeglicher Witterung geschützten Außenraum. Nicht zuletzt bieten die geneigten Außenwände sogar eine gewisse Stabilität bei Erdbeben. Im Inneren herrschen puristische Strenge und klare Linien vor: Alle Wände, Decken und Fußböden sind weiß gestrichen, und an die Stelle von Fenstern treten großzügige Fensterwände, die das Licht reichlich in das dreigeschossige Gebäudevolumen lassen. Eine große, vor Sonne geschützte Dachterrasse ist der wichtigs- te Außenraum des Hauses. Die Spanten der Konstruktion sind im Inneren sichtbar belassen und die Idee der gefalteten Gebäu- dehülle wird klar erkennbar.

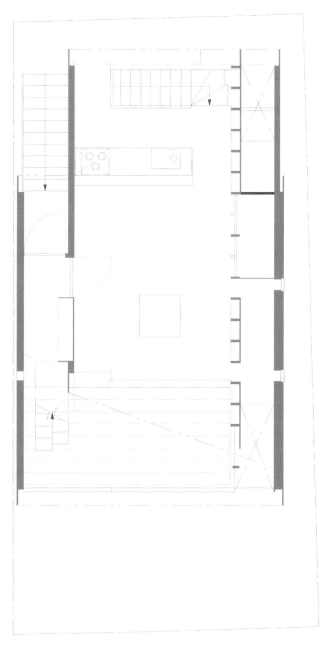

Plan Plan Grundriss

The kitchen unit is the only divider on the living area level. The steel cube that protrudes from the wall is a smoke extractor.

Seul l'élément structurel de la cuisine divise la pièce de vie commune. La hotte d'aspiration, en forme de cube en acier, émerge dans la pièce.

Lediglich der Küchentresen unterteilt das Wohngeschoss. Eine kubische Abzugshaube aus Edelstahl ragt in den Raum.

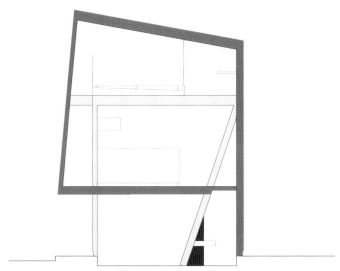

Section Section Schnitt

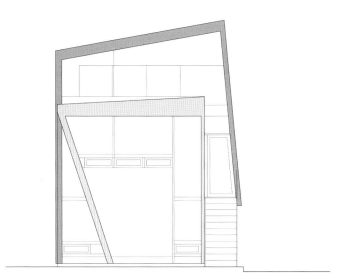

Elevation Élévation Aufriss

XXS House

Dekleva Gregoric Arhitekti

The first floor of this small two-story house contains a large space that serves as kitchen, dining room and living room at the same time. A steep steel staircase leads to the upper sleeping loft, which has the feel of a cozy attic. Creativity has been applied to the problem of lighting. Not only does light enter through the windows that sit flush on the light gray street frontage but also through a large sliding window that opens onto the garden. The house receives additional light through windows set into the sloping roof. The details of the house follow a strictly minimalist scheme. Each element, such as the staircase, the hand rail and the kitchen, are reduced to their minimal expression and employ exposed, raw materials – steel and exposed concrete. The façade facing the side patio and the sloping roof are clad with shimmering silver-gray metal panels.

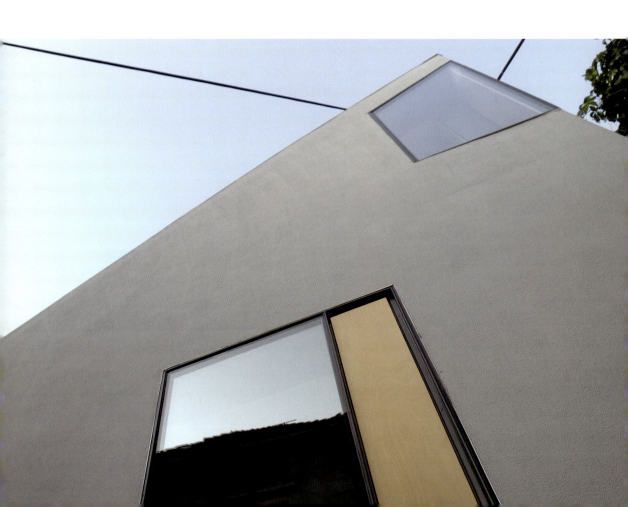

Le rez-de-chaussée de cette petite maison à deux étages abrite une grande pièce qui sert à la fois de cuisine, de salle à manger et de salon. Un escalier abrupt en acier permet d'accéder à l'étage supérieur, où se trouve la chambre à coucher, aux allures d'accueillante mansarde. Le problème de l'éclairage a été résolu de manière très imaginative : la lumière pénètre non seulement à travers les fenêtres, situées au ras de la façade frontale gris clair, mais également par une grande fenêtre coulissante qui donne sur le jardin. La maison est également éclairée grâce à des fenêtres installées sur le toit incliné. Le concept de la maison est minimaliste. Chaque élément, comme les escaliers, la main-courante ou la cuisine, est réduit à sa forme élémentaire, fabriqué en matériaux bruts, sans revêtement, tels que l'acier ou le béton apparent. À l'extérieur, la façade donnant sur la cour latérale et le toit incliné sont recouverts de panneaux métalliques de couleur argentée.

Das kleine, zweigeschossige Haus besitzt auf der Erdgeschossebene einen großen Raum, der zugleich als Küche, Esszimmer und Wohnbereich dient. Über eine steile Stahltreppe erreicht man die darüber liegende Schlafebene, die den Charakter eines gemütlichen Dachbodens besitzt. Besonders einfallsreich ist das Problem der Belichtung gelöst: Licht fällt nicht nur durch Fenster, die bündig in der hellgrauen Frontfassade sitzen, ein, sondern auch durch ein großes Schiebefenster zur Gartenseite. Zusätzliches Licht erhält das Haus durch Fenster in der Dachschräge. Das Haus ist minimalistisch detailliert. Jedes Element, wie die Treppe, das Geländer oder die Küche, ist auf seine Grundform reduziert und besteht aus unverkleideten, roh belassenen Materialien, wie Stahl oder Sichtbeton. Außen sind die hofseitige Fassade und die Dachschräge mit grau schimmernden Metallpaneelen verkleidet.

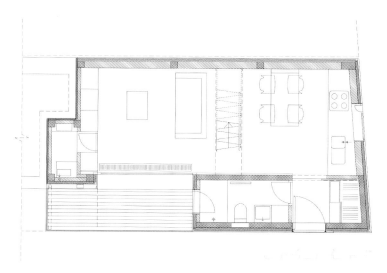

Ground floor Rez-de-chaussée Erdgeschoss

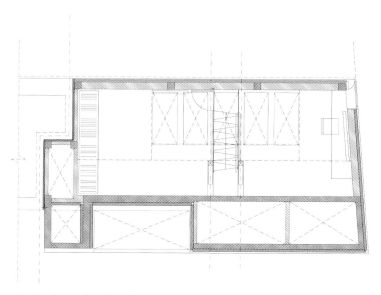

First floor Premier étage Erstes Obergeschoss

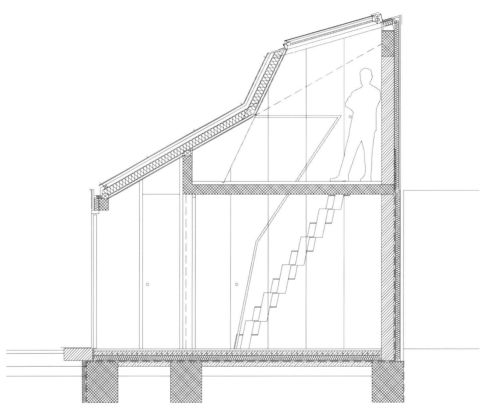

Section Section Schnitt

☐ 519 Vermont Street Residence

Jensen & Macy Architects

This new rear extension to a traditional house replaces the messy-looking outbuilding that had existed previous to its construction. A single structure combines the living room, dining room and kitchen. Meticulously designed windows create a link to the outside. The glazed facade can open completely by means of a folding mechanism, allowing the new room to open directly onto the garden. Another of the architect's ideas was to place a circular skylight in the ceiling allowing a sight of the sky. The extension is clad with light gray fiberboard while the inside walls and ceilings are painted white. The floor is laid out with large light gray ceramic tiles. This new annex is restrained and serves as a neutral framework for the family's day-to-day life. An island kitchen and selected pieces of designer furniture complete this image of a perfect and functional extension.

Cette nouvelle structure rattachée à une maison traditionnelle, remplace le bâtiment d'arrière-cour, d'aspect désordonné, qui s'y trouvait jusqu'alors. Le salon, la salle à manger et la cuisine ont été réunis en un seul volume. Des fenêtres au design soigné font le lien avec l'extérieur. La baie vitrée située à l'avant peut s'ouvrir entièrement grâce à un mécanisme de pliage, ce qui permet à la nouvelle pièce de communiquer directement avec le jardin. Les architectes ont également eu l'idée d'installer une lucarne circulaire au niveau du toit, qui permet de voir le ciel. Les façades extérieures de l'annexe sont recouvertes de grands panneaux en fibre de couleur gris clair. À l'intérieur, les murs et les plafonds sont peints en blanc. Le sol est recouvert de grands carreaux en céramique, également de couleur gris clair. Cette nouvelle annexe est relativement discrète et permet à la famille de vivre au quotidien dans un cadre neutre. Un meuble de cuisine indépendant et des meubles design raffinés complètent l'ensemble de cette construction fonctionnelle remarquable.

Der neue rückwärtige Anbau an ein traditionelles Haus ersetzt die bisherigen, ungeordnet wirkenden Rückgebäude. Das einfache Volumen vereinigt Wohnzimmer, Esszimmer und Küche in sich. Sorgfältig entworfene Fensteröffnungen stellen eine Verbindung zum Garten her. Durch einen Faltmechanismus kann die gesamte Fensterfront zur Seite geschoben werden, wodurch der neue Raum direkt in den Garten übergeht. Eine weitere Idee der Architekten war ein rundes Dachfenster, das den direkten Blick zum Himmel ermöglicht. Der Anbau ist außen mit hellgrauen, großformatigen Faserplatten verkleidet, innen sind Wände und Decken weiß gestrichen. Der Fussboden ist mit hellgrauen, großformatigen Keramikplatten belegt. Der neue Anbau wirkt dezent, um als neutraler Rahmen für das tägliche Leben der Familie zu dienen. Ein freistehender Küchentresen und ausgesuchte Designermöbel runden das Bild eines zweckmäßigen, perfekten Anbaus ab.

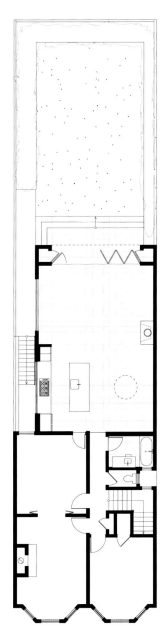
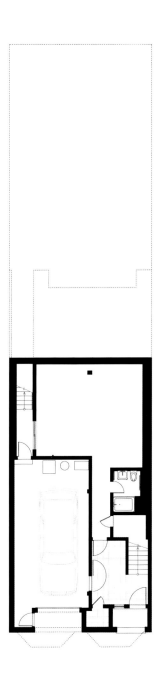

Plans Plans Grundrisse

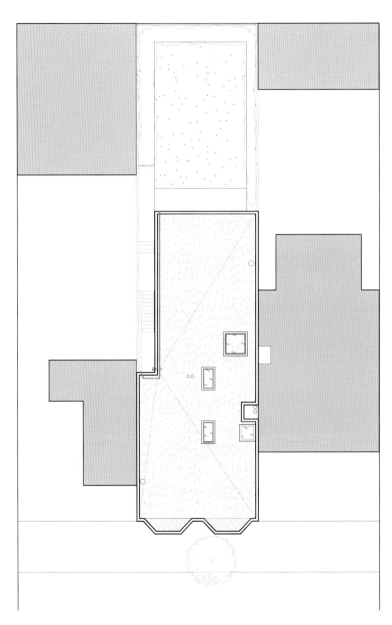

Site plan Plan de situation Umgebungsplan

□ North House

Elliott & Associates Architects

This project consisted in renovating an old garage on top of which a servant's residence was located. The first step was to remove all of the non-load-bearing walls to obtain a large contiguous space. The new partition walls are made of frosted glass, which allows full advantage to be taken of the natural light. The entire apartment is in a pure white, which, together with the bright green sand-blasted glass, creates a luminous and inviting atmosphere. This achieves an ambience of rest and concentration that makes the room pleasant, despite the limited space.

Ce projet avait pour but de rénover un ancien garage, au-dessus duquel se trouvait une chambre de bonne. Dans un premier temps, toutes les cloisons non porteuses ont été enlevées afin d'obtenir un grand espace unique. Les nouvelles cloisons de séparation sont en verre translucide et permettent ainsi de profiter au maximum de la lumière du jour. Tout l'appartement est d'un blanc pur qui, en combinaison avec le verre sablé brillant aux tons verts, créent une atmosphère lumineuse et attrayante. On obtient ainsi un cadre de détente et de réflexion qui rend la pièce agréable, malgré la taille réduite de l'espace.

Das Projekt bestand aus dem Umbau einer alten Garage, oberhalb derer sich eine Dienstbotenwohnung befand. Als erste Maßnahme wurden alle nicht tragenden Innenwände entfernt, um einen großen, zusammenhängenden Raum zu erhalten. Die neu eingefügten Trennwände bestehen aus transluzentem Glas, um das einfallende Licht maximal ausnutzen zu können. Das gesamte Apartment ist in reinem Weiß gehalten, das mit dem grünlich schimmernden, sandgestrahlten Glas eine klare und einladende Atmosphäre entstehen lässt. So gelingt es, eine Stimmung der Ruhe und Konzentration zu schaffen, die den Aufenthalt trotz räumlicher Einschränkung angenehm macht.

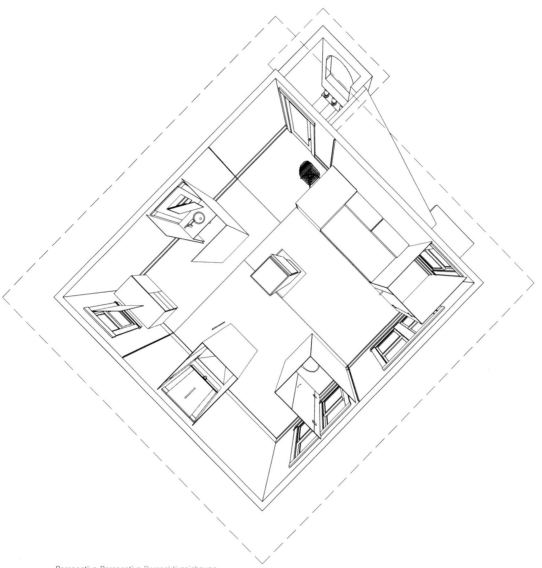

Perspective Perspective Perspektivzeichnung

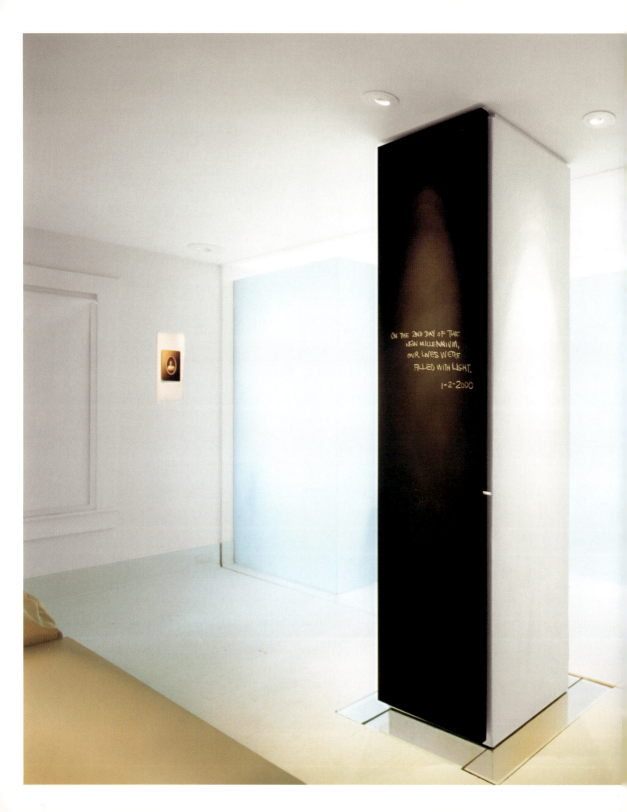

ON THE 2ND DAY OF THE
NEW MILLENNIUM,
OUR LIVES WERE
FILLED WITH LIGHT.

1-2-2000

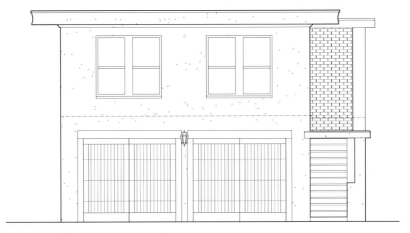

Front elevation Élévation frontale Vorderansicht

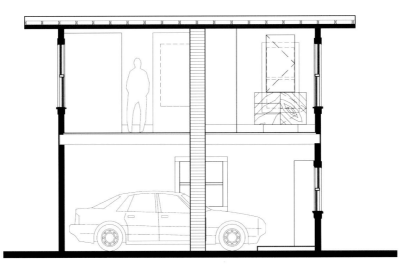

Section Section Schnitt

☐ Cocoon House

Michael Bellemo, Cat MacLeod

The unusual, football-like shape of this building has a practical purpose – its aerodynamic shape withstands the cold, gusty winds and offers perfect proportions from the inner space to the outer cladding. Additionally, it gives great stability, an aspect that could not be overlooked owing to the difficult conditions of the sloping terrain. The bedroom is located at one end of the structure and has a comfortable and welcoming effect resulting from its rounded shape. The other end of the building is characterized by the large living-dining room, which affords an unhindered view of the lush vegetation surrounding it through its sizeable sliding windows. The entrance to the house is also on this side of the building and is accessed by a light steel bridge. The metal strip cladding of this vacation home is reminiscent of an airship.

L'aspect insolite de ce bâtiment, qui rappelle la forme d'un ballon de rugby, répond à des critères pratiques : cette forme aérodynamique résiste aux rafales de vent froid et offre un équilibre parfait entre le volume interne et la structure externe. De plus, la construction présente une grande stabilité, un aspect à ne pas négliger étant donné les conditions difficiles du terrain en pente. La pointe de la structure abrite la chambre, qui s'avère très commode et agréable de par sa forme arrondie. À l'autre extrémité du bâtiment se trouve le grand salon-salle à manger qui, grâce à ses grandes baies vitrées coulissantes, offre une vue panoramique sur l'exubérante végétation aux alentours. Une légère passerelle en acier permet d'accéder à l'entrée de la maison, qui se trouve dans cette même extrémité. Les lattes métalliques du revêtement de cette maison de vacances rappellent un zeppelin.

Die ungewöhnliche, an einen Football erinnernde Gebäudeform hat praktische Gründe: Die aerodynamische Form soll den kalten, böigen Winden widerstehen und bietet ein optimales Verhältnis von Rauminhalt zu Gebäudehülle. Zudem weist sie eine große Stabilität auf, ein aufgrund der schwierigen Baugrundverhältnisse des an einem Hang gelegenen Grundstücks nicht zu vernachlässigender Aspekt. In der Spitze des Baukörpers befindet sich ein Schlafraum, der durch die gerundete Form gemütlich und komfortabel wirkt. Das andere Ende des Gebäudes wird von dem großen Wohn- und Essraum bestimmt, der durch große Schiebefenster einen ungehinderten Ausblick auf die üppige Pflanzenwelt der Umgebung zulässt. Hier befindet sich auch der Zugang zum Haus, der über eine leichte stählerne Brücke erfolgt. Mit seiner Verkleidung aus Metallbahnen erinnert das Ferienhaus an einen Zeppelin.

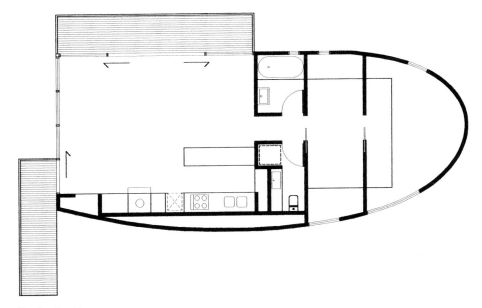

Plan Plan Grundriss

☐ Minimal House

Ivan Kroupa

This vacation home fascinates by dint of its simple concept. It has a raised terrace supported on a rear wall that extends to the roof that is cantilevered out over the front to form the shape of a U on its side. Inside this basic form there is a simple structure housing a living room and a bedroom. Two interior features guarantee perfect use of the limited available space. An inbuilt closet running the length of the structure enables anything to be stored that would otherwise limit the size of the space, even the bed. If required, the wall separating the living area from the bedroom can be swiveled completely to one side to create a larger, undivided space. Large windows and the use of natural wood create an intense connection between the house and the surrounding nature. A contrast is formed by the anthracite colored fiberboard used in the façade, doors, windows, and inbuilt furniture.

Cette maison de vacances s'avère fascinante de par la simplicité de son concept : une terrasse surélevée sur le mur arrière qui se prolonge jusqu'au toit, lui-même en saillie sur la partie avant, le tout en forme de U couché. Un simple bloc, imbriqué dans cette structure élémentaire, abrite un salon et une chambre. À l'intérieur, deux éléments permettent d'utiliser l'espace réduit disponible de manière optimale : un placard installé sur toute la longueur de la structure permet de ranger tout ce qui serait susceptible de limiter l'espace disponible. Même le lit. Si nécessaire, la cloison qui sépare le salon de la chambre peut pivoter entièrement vers un côté, de manière à obtenir une pièce plus grande, sans séparations. Les grandes fenêtres et l'utilisation de bois naturel établissent un lien profond entre la maison et son environnement. Les panneaux en fibre de couleur anthracite qui revêtent la façade, les portes, les fenêtres et les placards tranchent avec l'ensemble.

Dieses Ferienhaus fasziniert durch sein einfaches Konzept: Eine erhöhte Terrasse, die sich über die rückwärtige Wand bis in das vorn überkragende Dach verlängert, bildet die Form eines liegenden Us. In diese Grundform ist ein einfacher Körper eingeschoben, der einen Wohn- und einen Schlafbereich aufnimmt. Zwei Elemente sorgen im Inneren für eine optimale Ausnutzung des knappen, zur Verfügung stehenden Raumes: In einem Wandschrank in Längsrichtung des Baukörpers kann alles verstaut werden, was die Großzügigkeit des Raumes sonst mindern würde, sogar das Bett. Die Trennwand zwischen Wohn- und Schlafraum kann bei Bedarf vollständig zur Seite geschwenkt werden, um einen großen, ungeteilten Raum zu erhalten. Große Fenster und die Verwendung natürlichen Holzes schaffen einen intensiven Bezug des Hauses zur umgebenden Natur. Einen Kontrast hierzu formt die anthrazitfarbene Faserplatte, die für die Fassade, die Türen, Wände und für Einbaumöbel verwendet wurde.

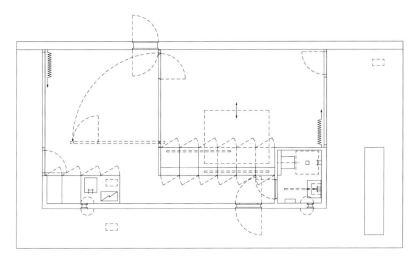

Plans Plans Grundrisse

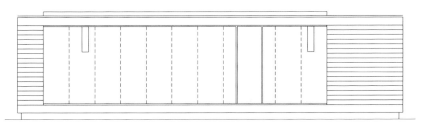

Elevation Élévation Aufriss

The partition can be swiveled completely to one side to create room open at both ends quickly and easily.

La cloison, qui peut pivoter complètement vers un côté, permet d'obtenir rapidement et facilement une pièce ouverte d'une extrémité à l'autre.

Die als Ganzes zur Seite schwenkbare Trennwand dient dazu, den Raum schnell und einfach nach zwei Seiten hin zu öffnen.

☐ Vacation House

Mathias Müller, Daniel Niggli, Christoph
Rothenhoefer/EM2N Architekten

The layout of this minimalist vacation home is very simple. The first floor contains the entrance and ancillary rooms. The mezzanine floor is a large, undivided bedroom with en suite bathroom. The upper floor is laid out as a combined living area. The three floors are connected by a free-standing spiral staircase. The upper floor offers broad views of the surrounding landscape through large panoramic windows. The staircase, kitchen, fireplace and bathrooms are set out in the same space so as not to affect the continuity of the levels. The particleboard paneling on the walls and ceilings determine the spatial effect of the interior. On the outside, this vacation home is reduced to the expression of its essence – a simple wood-clad structure with a slightly inclined pitched roof. The striking kink in the building is derived from the contours of the land. Expressive waterspouts replace the usual downspouts for rainwater.

Ce chalet de vacances minimaliste présente une distribution très simple : au rez-de-chaussée se trouvent l'entrée et les pièces secondaires, l'entresol abrite une grande chambre avec salle de bains sans séparation, alors que le salon commun occupe tout l'étage supérieur. Les trois niveaux sont reliés par un escalier en colimaçon indépendant. Les grandes fenêtres panoramiques de l'étage supérieur offrent une large vue sur toute l'étendue du paysage. L'escalier, la cuisine, la cheminée et le coin toilettes se distribuent sur le même espace, afin de ne pas modifier la continuité des étages. Les panneaux en aggloméré qui couvrent les murs et les plafonds définissent l'effet spatial à l'intérieur. Vu de l'extérieur, ce chalet est réduit à sa plus simple expression : un volume rudimentaire recouvert de bois et un toit avec deux pentes très peu inclinées. L'inclinaison visible du bâtiment est due à la pente du versant. Des gargouilles expressives remplacent les gouttières habituelles d'évacuation de l'eau de pluie.

Die Aufteilung dieses minimalistischen Ferienhauses ist einfach: In der untersten Ebene befinden sich Eingang und Nebenräume, in der Zwischenebene liegt ein großer, ungeteilter Schlafraum mit Sanitärbereich, die oberste Ebene wird durch den gemeinschaftlichen Wohnbereich bestimmt. Die Verbindung der Ebenen geschieht durch eine freistehende Spindeltreppe. Vom obersten Geschoss aus bietet sich durch große Panoramafenster ein weiter Blick auf die umgebende Landschaft. Treppe, Küchenblock, Kamin und Sanitärräume sind jeweils frei in den Raum gestellt, um die Kontinuität der Ebenen nicht zu beeinträchtigen. Spanplattenverkleidung an Wänden und Decken bestimmen den räumlichen Eindruck im Inneren. Außen ist das Ferienhaus auf seine Essenz reduziert: Ein einfaches, holzverkleidetes Volumen mit einem flach geneigten Satteldach. Der auffällige Knick im Gebäudevolumen ist aus der Form des Berghanges hergeleitet. Expressive Wasserspeier ersetzen die üblichen Regenwasserleitungen.

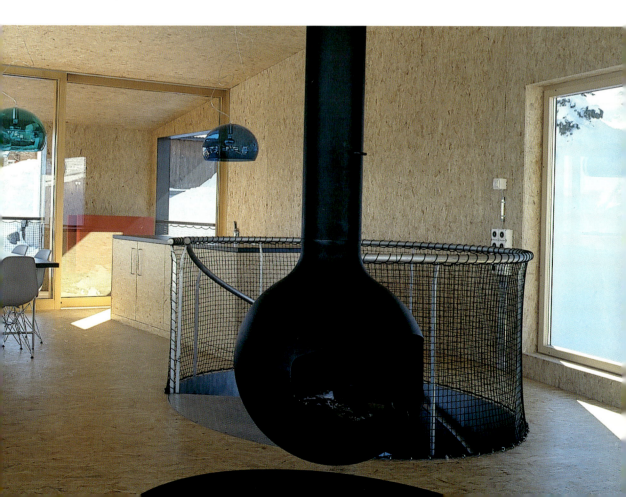

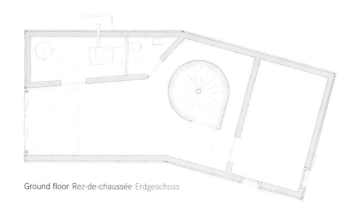

Ground floor Rez-de-chaussée Erdgeschoss

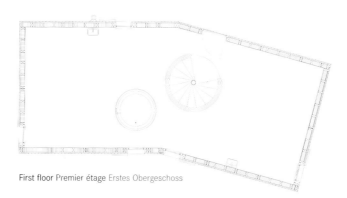

First floor Premier étage Erstes Obergeschoss

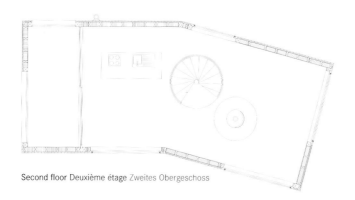

Second floor Deuxième étage Zweites Obergeschoss

The entrance level is in sharp contrast to the rest of the house owing to its heavily textured walls.

Le hall d'entrée présente une structure qui contraste fortement avec le reste de la maison, du fait de l'étonnante texture de ses murs.

Das Eingangsgeschoss formt durch seine stark profilierten Wände gestalterisch einen starken Kontrast zum Rest des Hauses.

☐ St. Kilda House

Saaj Design

This house, located in a fashionable Melbourne suburb characterized by traditional-style buildings, offers great diversity of multi-purpose spaces in a limited surface area. The floor plan of this two-story house is angled in relation to the line of the adjacent buildings in order to make optimum use of the oblique shape of the plot. While the lower floor contains the entrance and split-level living area, the upper floor contains the bedrooms and the bathroom. The most important design feature of the house is a window that spans two stories. The first floor opens up completely to allow the living room to merge with the garden as a single space. All of the walls are white so that the rooms appear to be bigger than they really are. The steel frame of the house is clearly visible and, together with the noble materials used for the floor, provides a stylish atmosphere to the house.

Située dans un quartier résidentiel de Melbourne très courue et caractérisée par ses constructions traditionnelles, cette maison devait offrir une grande diversité d'espaces multi-usages sur une surface réduite. La surface de cette habitation à deux étages est déviée par rapport à la ligne de fuite des bâtiments voisins, profitant ainsi à la perfection de la pente oblique du terrain. Le rez-de-chaussée abrite l'entrée et le salon, détaché sur deux niveaux, alors que les chambres et la salle de bains sont situées à l'étage. L'élément structurel le plus important de l'habitation est une fenêtre qui s'étend sur les deux niveaux. Le rez-de-chaussée peut s'ouvrir complètement permettant ainsi au salon et au jardin de se fondre en un espace unique. Tous les murs ont été peints en blanc afin de donner une impression d'espace dans toutes les chambres. La structure en acier qui soutient la maison est nettement visible et crée, en combinaison avec les matériaux nobles du sol, une atmosphère très stylisée.

Das in einer beliebten, von traditioneller Bebauung geprägten Wohngegend von Melbourne gelegene Haus sollte auf einer beschränkten Fläche möglichst unterschiedliche und vielfältig nutzbare Räume bieten. Das zweigeschossige Haus ist im Grundriss aus der Flucht der benachbarten Bebauung gedreht, um den schrägen Zuschnitt des Grundstücks optimal auszunutzen. Während sich im Erdgeschoss der Eingang und der teilweise doppelgeschossige Wohnbereich befinden, sind Schlafbereiche und Badezimmer im Oberschoss untergebracht. Ein über beide Geschossebenen reichendes Fenster ist das wichtigste Gestaltungselement des Hauses. Im Erdgeschoss lässt es sich vollständig öffnen, um den Wohnraum mit dem Garten zu verbinden. Um die Räume größer erscheinen zu lassen, sind die Wände weiß belassen. Die stählerne Tragstruktur des Hauses ist deutlich zu erkennen, und in Verbindung mit den edlen Materialien der Fußböden ergibt sich eine stilvolle Wohnatmosphäre.

Elevation Élévation Aufriss

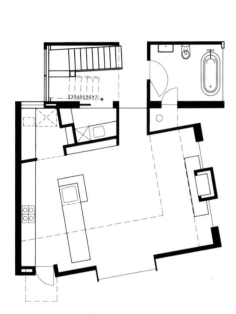

Lower level Niveau inférieur Untere Ebene

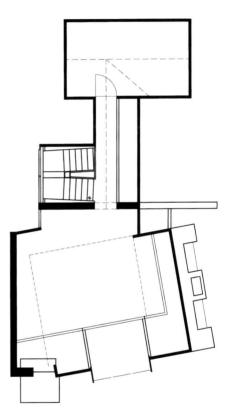

Upper level Niveau supérieur Obere Ebene

Micro Compact Home

Horden Cherry Lee Architects, Haack
Höpfner Architekten

Few houses with such a small surface area can claim to be a complete dwelling. This dwelling had to offer the possibility of mass production and transportability, while being economical and containing quality, durable and ecologically sustainable materials. The architects employed techniques from aeronautical, marine and automotive engineering in its construction. Everything in this cube-shaped apartment is therefore reduced to a minimalistic core while simultaneously remaining functional. The available space can be used for multiple functions by means of folding and retractable features. State-of-the-art technology rounds off the image of a mini-apartment perfectly designed to the slightest detail. The first prototypes of the "Micro Compact Home" were set up on a university campus as a kind of residential complex for students. Delighted with the quality of the project, the architect himself reserved one of the houses.

Certainement très peu de maisons peuvent se vanter d'offrir une habitation si complète dans un espace si restreint. Cette habitation devait pouvoir être fabriquée en série, être transportable tout en restant économique, et ses matériaux devaient être de qualité, durables et écologiques. Pour la fabriquer, les architectes ont employé des techniques propres à l'ingénierie aéronautique, navale et automobile. Ainsi, dans cet appartement cubique, tout a été minimisé et reste fonctionnel. L'espace disponible est mis à profit pour différentes fonctions grâce à de nombreux éléments inclinables, rétractables et pliables. La technologie de pointe vient parachever l'ensemble de ce mini-appartement conçu à la perfection jusque dans ses moindres détails. Les premiers prototypes de la « Micro Compact Home » ont été installés sur le campus d'une université, formant ainsi une sorte de cité universitaire. Enthousiasmé par la qualité de son ouvrage, l'architecte s'est même réservé une des maisons.

Es gibt wohl nur wenige Häuser, die den Anspruch erheben können, auf einer derart geringen Fläche eine vollwertige Wohnung zu bieten. Das Wohnhaus sollte serienmäßig herstellbar, transportabel und dabei auch bezahlbar sein, die Materialien hochwertig, dauerhaft, und ökologisch nachhaltig sein. Für die Fertigung machten sich die Architekten Techniken aus dem Flugzeug-, Schiffs- und Automobilbau zunutze. So ist alles an diesem würfelförmigen Apartment minimiert und zugleich funktional. Der zur Verfügung stehende Raum ist durch eine Vielzahl von ausklappbaren, versenkbaren und faltbaren Elementen mehrfach nutzbar. Eine auf dem neuesten Stand basierende Technik rundet das Bild eines perfekt konzipierten Miniapartments ab. Die ersten Prototypen des „Micro Compact Home" wurden auf Universitätsgeländen zu einer Art Studentensiedlung arrangiert. Eines der Häuser reservierte der Architekt, von der Wohnqualität seiner Schöpfung begeistert, für sich.

Site plan Plan de situation Umgebungsplan

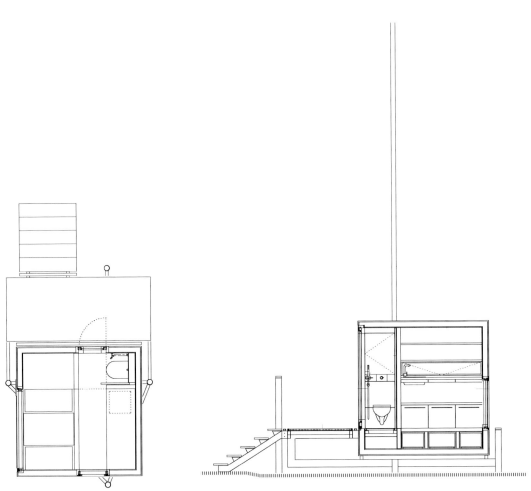

Plan Plan Grundriss   Section Section Schnitt

☐ 3032 Divisadero Street Residence

Macy Architecture

This project consisted of a total refurbishment of a small 1920s house. The architects moved the staircase to one side of the house and removed all of the non-load-bearing walls so as to achieve a large, contiguous space. The result is a spacious living, dining and kitchen space. The house was connected to a previously unused side courtyard through the installation of a row of windows. The main entrance was also transferred there. The exterior was rendered and painted white. Pale colors also dominate the interior and combine harmoniously with the natural colors of the wooden floor. The light coloring makes the small rooms appear larger and achieves the effect of a bright and pleasant dwelling.

Ce projet consiste en la profonde rénovation d'une petite maison des années 20 du siècle dernier. Afin d'obtenir un grand espace unique, les architectes ont déplacé l'escalier sur un des côtés de la structure et les cloisons non porteuses ont été enlevées. Au final, la grande pièce obtenue sert à la fois de salon, de salle à manger et de cuisine. L'installation de plusieurs portes-fenêtres a permis de relier une cour latérale jusqu'ici inutilisée à l'habitation. De plus, l'entrée principale est dorénavant située dans cette cour. La structure extérieure a été enduite et peinte en blanc. Les tons clairs qui dominent également à l'intérieur s'allient harmonieusement aux couleurs naturelles du plancher en bois. Les couleurs claires donnent une impression d'espace aux petites chambres et rendent l'habitation plus lumineuse et accueillante.

Bei dem Projekt handelt es sich um eine tiefgreifende Renovierung eines kleinen Hauses aus den 1920er Jahren. Um einen großen, zusammenhängenden Raum zu erzielen, verlegten die Architekten die Treppe in den Randbereich des Hauses und entfernten die nicht tragenden Innenwände. Das Resultat ist ein großer, zusammenhängender Wohn-, Ess- und Küchenbereich. Durch den Einbau einer Reihe von Fenstern wurde ein bisher ungenutzter seitlicher Innenhof an den Wohnbereich angeschlossen. Auch der Hauptzugang wurde hierher verlegt. Das Volumen wurde außen verputzt und weiß gestrichen. Im Innenraum herrschen ebenfalls helle Töne vor, die mit den natürlichen Farben des Holzfußbodens harmonieren. Durch die helle Farbstimmung wirken die kleinen Räume größer, sodass insgesamt ein lichter, angenehm wirkender Wohnbereich entstehen konnte.

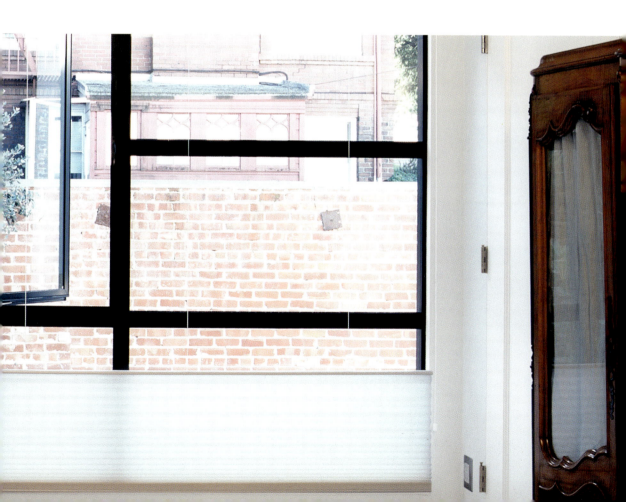

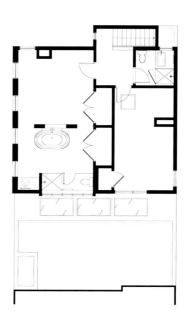

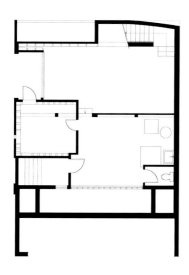

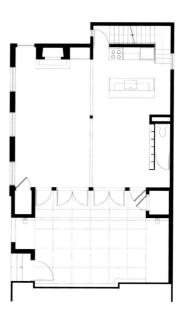

Plans Plans Grundrisse

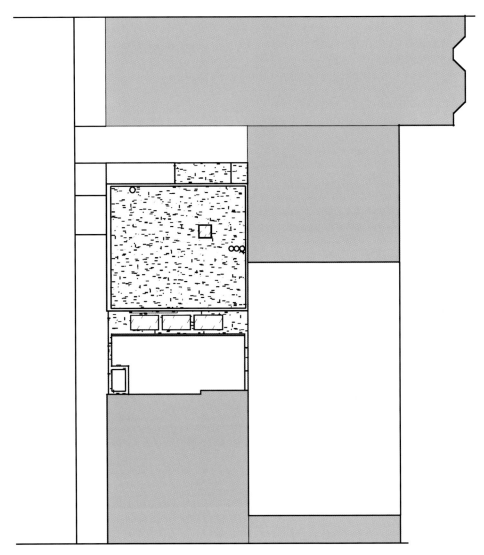

Site plan Plan de situation Umgebungsplan

An enormous wooden beam and a single upright support the roof, replacing the previously necessary partition walls.

Une énorme poutre en bois lamellé et une colonne unique soutiennent le plafond, remplaçant ainsi les cloisons auparavant nécessaires.

Ein mächtiger Leimholzbalken und eine einzelne Stütze tragen das Dach. Sie ersetzen die zuvor notwendigen Trennwände.

☐ Converted Garage

Jonathan Feldman

In this case, a double garage was converted to provide for a small studio and loft extension only covering an area of approximately 430 sq ft. While one of the two parking spaces was maintained, the surface of the other was turned into a living and work space that not only boasts a tall ceiling, but even features a fireplace. A small bathroom is accessed from a landing on the staircase leading to the upper level. An attic bedroom is located under the pitched roof. The décor of this small conversion is restrained. The walls, ceilings, doors, and other features are painted white. The dark floor is of a material made from palm bark. It is difficult to tell that this is a residential conversion from the outside, given that the new use has been integrated into the existing one. Even the second garage door has been maintained.

Ce petit loft d'environ 40 m² est né de la rénovation d'un double garage. Alors que l'une des deux places de garage a été conservée, la surface occupée par l'autre a été transformée en un salon et bureau spacieux, qui non seulement présente une grande hauteur sous plafond, mais dispose également d'une cheminée. Depuis le palier de l'escalier qui mène à l'étage, on accède à une petite salle de bains. La chambre se trouve sous le toit à deux pentes. La décoration de ce petit loft est discrète : les murs, les plafonds, les portes et les autres éléments ont été peints en blanc. Le plancher sombre a été fabriqué dans un matériau à base d'écorce de palmier. De l'extérieur, la rénovation du garage est à peine visible, étant donné que le nouvel usage de l'habitation a été intégré à celui déjà présent. La grande porte du second garage a même été conservée.

Durch den Umbau einer Doppelgarage entstand dieses kleine Loft, das nur ca. 40m² groß ist. Während einer der beiden Stellplätze als Garage erhalten wurde, bietet die Grundfläche des anderen Stellplatzes Raum für ein vollwertiges Wohn- und Arbeitszimmer, das nicht nur große Raumhöhe aufweist, sondern auch über einen Kamin verfügt. Vom Zwischenpodest der nach oben führenden Treppe erreicht man ein kleines Badezimmer, unter dem Satteldach befindet sich die Schlafebene. Die Gestaltung des kleinen Lofts ist zurückhaltend: Wände, Decken, Türen und sonstige Bauteile sind weiß gestrichen, der dunkle Fußboden besteht aus einem Werkstoff aus Palmenrinde. Von außen ist der Umbau zu einem Wohnhaus kaum zu erkennen, da die neue Nutzung in das Bestehende integriert wurde. Selbst das zweite Tor der Doppelgarage wurde erhalten.

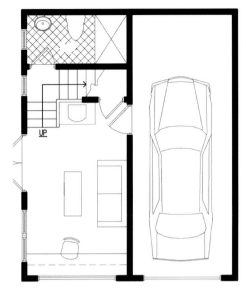

Ground floor Rez-de-chaussée Erdgeschoss

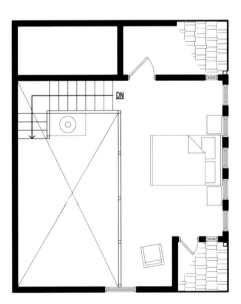

Mezzanine Mezzanine Zwischengeschoss

From the bedroom on the mezzanine level, there is a lovely view of the entire interior space, which gives an impression of size despite its small surface area.

La chambre, située à l'étage intermédiaire, offre une jolie vue d'ensemble sur tout l'espace intérieur, qui semble vaste malgré sa petite surface.

Von der Schlafebene im Zwischengeschoss bietet sich ein schöner Blick in den zweigeschossigen Raum, der trotz seiner geringen Grundfläche großzügig wirkt.

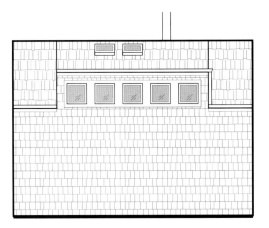

East elevation Élévation est Östlicher Aufriss

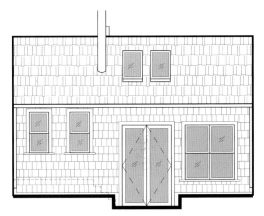

West elevation Élévation ouest Westlicher Aufriss

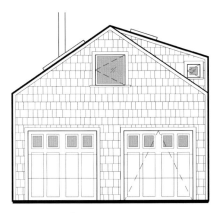

South elevation Élévation sud Südlicher Aufriss

☐ **MK Lotus**

Michelle Kaufmann Designs

This project consists of a prefabricated house that fulfills strict ecology and sustainability requirements. The wood used in its construction comes from sustainable forestry and collected rainwater is filtered and drawn into the non-drinking water circuit. LED lighting and photovoltaic systems save energy. This single-story house has a floor plan based on a simple rectangle. The living room is located at one end of the rectangle and opens onto the surrounding garden through folding windows. The façade is clad with wood planking and horizontal fiberboard panels. Projecting brises soleil offer protection from the sun and natural ventilation makes air-conditioning systems unnecessary. Light-colored materials and dark parquet floors predominate in the interior. Light streams in through large folding glass doors. The house also has skylights and there are a number of clerestory windows in the bedrooms.

Ce projet consiste en l'installation d'une maison préfabriquée qui répond à des critères rigoureux en matière d'écologie et de durabilité. Le bois ici utilisé est issu de l'exploitation forestière durable et l'eau de pluie est filtrée pour alimenter le circuit d'eau non potable. De plus, l'utilisation de lampes LED et de systèmes photovoltaïques permet d'économiser de l'énergie. Cette maison de plain-pied a été conçue sur le modèle d'un simple parallélépipède rectangle. Situé à une extrémité, le salon peut s'ouvrir entièrement sur le jardin qui l'entoure, grâce à des portes-fenêtres pliables. La façade est recouverte de planches en bois et de panneaux en fibre installés horizontalement. Les grandes structures en porte-à-faux protègent du soleil et la ventilation naturelle rend inutile un système de climatisation. L'intérieur de la maison prédominent les matériaux clairs et les sols en parquet sombre. La lumière pénètre à l'intérieur par de grandes portes vitrées et la maison dispose également de lucarnes et de fenêtres situées en hauteur dans les chambres.

Bei diesem Projekt handelt es sich um ein Fertighaus, das hohen Ansprüchen von Ökologie und Nachhaltigkeit genügt. Das Bauholz stammt aus nachhaltiger Forstwirtschaft, das gesammelte Regenwasser wird gefiltert und dem Brauchwasserkreislauf zugeführt, und durch die Verwendung von LED-Leuchten und Photovoltaik wird Energie eingespart. Das eingeschossige Haus ist als einfaches, quaderförmiges Volumen konzipiert. Der Wohnraum, der sich am einen Ende des Quaders befindet, kann durch Faltfenster ganz zum umgebenden Garten hin geöffnet werden. Die Fassade ist mit Holzbrettern und Faserplatten horizontal verkleidet. Weit auskragende Vordächer bieten Schutz vor der Sonne, und eine natürliche Lüftung macht den Einsatz von Klimaanlagen überflüssig. Im Inneren wird das Haus durch helle Materialien und dunklen Parkettfußboden bestimmt. Licht strömt durch die großen Fenstertüren; zusätzlich verfügt das Haus über Dachfenster und einzelne hochliegende Fenster in den Schlafräumen.

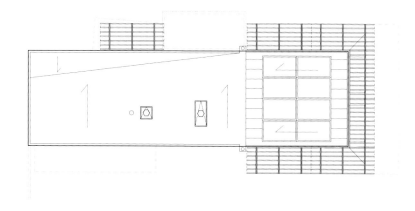

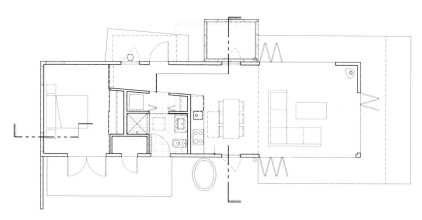

Plans Plans Grundrisse

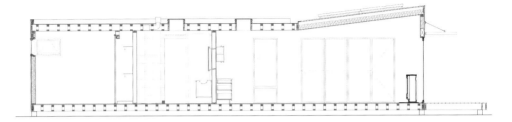

Section Section Schnitt

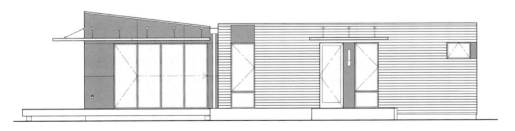

Elevations Élévations Aufrisse

Light enters through the clerestory windows without affecting the privacy and tranquility of the rooms.

La lumière pénètre dans les pièces privées par les fenêtres surélevées, sans pour autant troubler l'intimité et la tranquillité.

Durch hoch liegende Fenster fällt Licht in die privaten Räume, ohne ihre Intimität und Ruhe zu stören.

☐ Trichterweiterung

Peanutz Architekten

This extension to a 1920s house stands out conspicuously from the architecture of the main building. Its prismatic shape is in sharp contrast to the traditional style of the surrounding houses. This is accentuated by the choice of material used on the façade – shiny corrugated metal. While the existing house was made into two apartments, the extension houses an artist's studio. The unusual building style resulted in the high, undivided walls desired by the artist. Light only enters through two slits. Likewise, the design of the interior plays on the contrast between new and old. Existing elements, such as the doors and parquet floors, are contrasted against modern shapes, plain materials and bold new colors. A wooden walkway connected at one end with a porch, leads from the extension to the garden and creates a link between art and nature.

Cette annexe d'une maison construite dans les années 1920, se démarque nettement de l'architecture du bâtiment principal par sa forme particulière. Sa structure prismatique contraste fortement avec le style traditionnel des maisons voisines, et le choix du matériau utilisé sur la façade (tôle métallique ondulée et brillante) accentue davantage cette différence. Alors que deux appartements ont été ajoutés à la maison pré-existante, la nouvelle annexe accueille le studio d'une artiste. Sa forme insolite permet d'obtenir les murs élevés sans séparations que souhaitait l'artiste, et la lumière ne pénètre à l'intérieur qu'à travers deux ouvertures. Le design des pièces intérieures joue avec le contraste entre ancien et moderne : les éléments existants, tels que les portes ou les planchers en parquet, contrastent avec des formes modernes, des matériaux sobres et récents et des couleurs intenses. Une passerelle en bois, dont l'extrémité est fixée à un élément en porte-à-faux, relie la nouvelle annexe au jardin, établissant ainsi le lien entre l'art et la nature.

Der Anbau an ein bestehendes Haus aus den 1920er Jahren setzt sich gestalterisch bewusst von der Architektur des Hauptgebäudes ab. Die prismatische Form bildet einen starken Gegensatz zu dem traditionellen Baustil der umgebenden Häuser, der durch die Wahl des Fassadenmaterials – metallisch glänzendes Wellblech – noch verstärkt wird. Während in das bestehende Haus zwei Apartments eingefügt wurden, nimmt der neue Anbau das Studio einer Künstlerin auf. Durch die ungewöhnliche Form entstehen von der Künstlerin gewünschte hohe, ungeteilte Wandflächen, und das Licht fällt lediglich durch zwei Schlitze herein. Die Gestaltung der Innenräume spielt ebenfalls mit dem Kontrast von alt und neu: Immer wieder werden die bestehenden Bauelemente, wie Türen oder Parkettfußböden, mit modernen Formen, puristischen Materialien und kräftigen neuen Farben kontrastiert. Ein Holzsteg, der an seinem Ende mit einem Vordach verbunden wird, leitet vom neuen Anbau in den Garten und schafft somit eine Verbindung von Kunst und Natur.

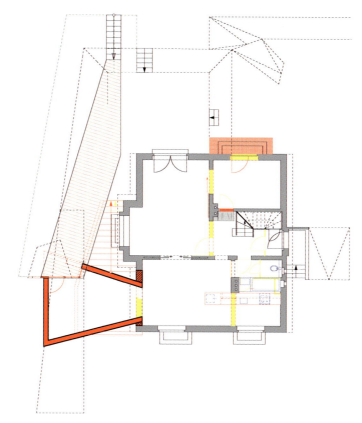

Plan Plan Grundriss

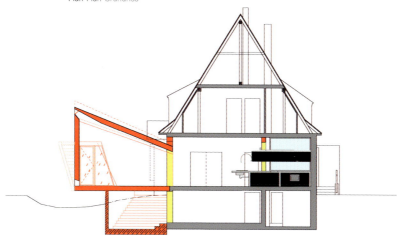

Section Section Schnitt

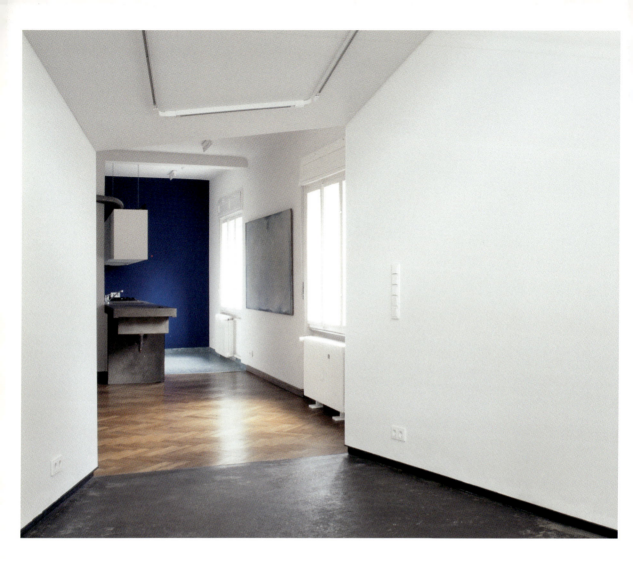

☐ Prefab House in Denmark

ONV Architects

This house by the Danish group ONV Architects consists of a stylish prefabricated house that comes in five versions and sizes. All of the versions have the same high-quality finish and a simple frame, which enables it to be extended with modules. The house is on one level and has a slightly inclined lean-to roof. The walls of this wooden structure are clad in untreated Siberian larch, which acquires a silvery hue over time. For the relatively low interior to receive additional light, the house comes with the option of a skylight. One of the versions has a covered terrace that divides the house and, if required, can separate the main area from a bedroom wing, independent apartment, guesthouse or children's room. The window frames stand out by their dark stained finish. The interior features mainly untreated materials like wood and natural stone.

Cette maison de l'équipe danoise ONV Architects est un préfabriqué à l'esthétique attrayante, disponible en cinq versions et tailles différentes. Tous les modèles bénéficient de la même finition de grande qualité et d'une structure de base simple, qui permet d'y ajouter des modules. La maison présente un niveau couvert d'un toit peu incliné à versant unique. Les murs de cette maison en bois sont revêtus de mélèze sibérien non traité, qui au fil du temps acquiert une tonalité argentée. Afin que l'intérieur, assez bas de plafond, soit assez éclaire, une lucarne est proposée en option, afin d'offrir plus de luminosité. L'une des versions dispose d'une terrasse couverte, qui permet, quand on le souhaite, de séparer le bloc principal d'un groupe de chambres, pouvant servir d'appartement indépendant, de maison pour les invités ou encore pour les enfants. À signaler en particulier la finition en vernis sombre des encadrements de fenêtres. L'intérieur est essentiellement composé de matériaux non traités, tels que le bois et la pierre naturelle.

Bei dem Haus der dänischen Gruppe ONV Architects handelt es sich um ein ästhetisch ansprechendes Fertighaus, das in insgesamt fünf verschiedenen Varianten und Größen angeboten wird. Allen Varianten gemeinsam ist die hochwertige Verarbeitung und die einfache Grundstruktur, die eine modulare Erweiterung möglich macht. Das Haus ist eingeschossig und mit einem flachen Pultdach gedeckt. Die Wandverkleidung des Holzhauses besteht aus unbehandelter sibirischer Lärche, die sich im Lauf der Zeit silbern verfärbt. Um das niedrige Gebäudevolumen ausreichend zu belichten, verfügt das Haus über ein optionales Dachfenster, durch das zusätzliches Licht ins Innere fällt. Eine Variante besitzt eine das ganze Haus teilende überdachte Terrasse, die den Hauptbereich – je nach Bedarf – von einem Schlafzimmertrakt trennt, der als Einliegerapartment, Gästewohnung oder Kinderbereich genutzt werden kann. Die Fensterrahmen sind dunkel gebeizt und treten auf diese Weise stark hervor. Im Inneren dominieren natürlich belassene Materialien, wie Holz und Naturstein.

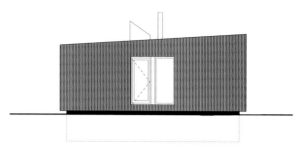

West elevation Élévation ouest Westlicher Aufriss

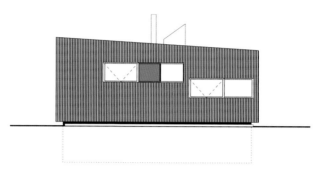

East elevation Élévation est Östlicher Aufriss

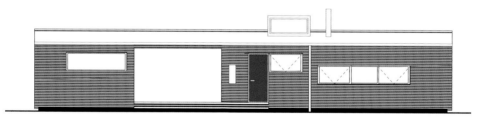

North elevation Élévation nord Nördlicher Aufriss

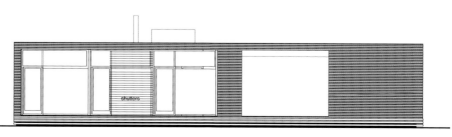

South elevation Élévation sud Südlicher Aufriss

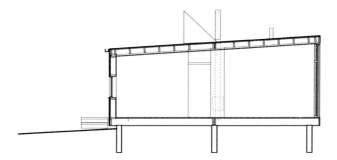

Section Section Schnitt

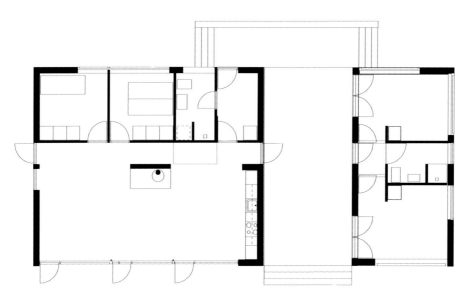

Plan Plan Grundriss

Photo credits